COPYRIGHT

Published in the United Kingdom

First Publishing, 2014 (Version 1.0)

ISBN-13: 978-1505336337
ISBN-10: 1505336333

Elodie Publications
47 Trevelyan
Bracknell
Berkshire
RG12 8YD

www.ElodiePublications.com

DEDICATION

Dedicated to Léna. You are my inspiration behind the Elodie stories, it's thanks to you that these characters and these stories appeared in my head one rainy London day. Keep climbing, keep adventuring and keep imagining.

DÉDICACE

Dédié à Léna. Tu es mon inspiration à l'origine des histoires d'Elodie. C'est grâce à toi que ces personnages et ces histoires sont apparus dans ma tête une bonne journée londonienne pluvieuse. Continue à grimper, continue à t'aventurer et continue à imaginer.

TABLE OF CONTENTS / TABLE DES MATIÈRES

ABOUT THE ADVENTURES OF ELODIE

Elodie is half English and half French, she lives in London with her French Dad, English Mum and older brother, Xavier. She loves climbing trees, making dens and playing outside with her two best friends, Harry and Lily, who are both English.

Every day after school Elodie, Harry and Lily go to their local park, to their favourite tree, and have adventures where they travel through time and space. They meet pirates, dinosaurs, soldiers, kings, queens and more, before the beep–beep–beep of the alarm on Elodie's watch lets them know that it's time to go home.

The adventures of Elodie can be read in one language or two, and there is an audio recording to accompany the book, offering the story in either English, French, or in both languages. Download your free audio version here:

www.ElodiePublications.com/downloads

There is a parents' and teachers' guide at the back of each book so that children can get the most out of the stories with adult help.

AU SUJET DES AVENTURES D'ELODIE

Elodie est moitié anglaise et moitié française, elle habite à Londres avec son papa français, sa maman anglaise et son frère aîné, Xavier. Elle adore grimper dans les arbres, construire des cabanes et jouer dehors avec ses deux meilleurs amis, Harry et Lily, qui sont tous deux anglais.

Tous les jours après l'école, Elodie, Harry et Lily vont au parc du coin, à leur arbre préféré, et il leur arrive des aventures où ils voyagent à travers le temps et l'espace. Ils rencontrent des pirates, des dinosaures, des soldats, des rois, des reines et bien d'autres encore, avant que le bip-bip-bip de l'alarme de la montre d'Elodie leur indique que c'est l'heure de rentrer à la maison.

Les aventures d'Elodie peuvent être lues dans une seule langue, ou dans les deux, et il y a une version audio qui accompagne le livre, vous proposant l'histoire soit en anglais, soit en français, soit dans les deux langues. Téléchargez gratuitement la version audio ici :

www.ElodiePublications.com/downloads

Il y a un guide pour les parents et les professeurs à la fin de chaque livre, pour que les enfants bénéficient au maximum de ces histoires avec l'aide des adultes.

School was over for Elodie, Harry and Lily for another day, they dashed out into the weak London sunshine, hurrying to the park and to their tree, the same thing they did every day. Well every day when the London weather would allow it of course.

Their parents had recently decided that the three of them were old enough to go to the local park, without any adults, and the friends loved this independence. There was one rule though: they had to go home when Elodie's watch alarm went off, but until then they could be free.

La journée d'école était finie pour Elodie, Harry et Lily. Ils sortaient dans le faible soleil de Londres, puis ils se dépêchaient vers le parc et leur arbre, comme ils le faisaient tous les jours. Enfin, tous les jours quand la météo de Londres le permettait bien sûr.

Leurs parents avaient récemment décidé qu'ils étaient assez âgés pour aller au parc du coin, tous les trois, sans l'accompagnement des adultes, et les trois amis adoraient cette indépendance. Il n'y avait qu'une seule règle: il fallait rentrer à la maison quand l'alarme de la montre d'Elodie sonnait, mais jusque là ils étaient libres.

Getting to the park, Elodie, Harry and Lily threw their school bags to the ground and scaled their tree, one after the other. Elodie held aloft a stick that she'd picked up on her way through the park, pretending it was a sword.

"What's that I can see in the distance?" asked Harry. Elodie and Lily turned round to see where Harry was looking.

En arrivant au parc, Elodie, Harry et Lily jetaient leurs cartables par terre et grimpaient dans l'arbre, l'un après l'autre.

Une fois dans l'arbre, Elodie brandissait un bâton qu'elle avait ramassé en traversant le parc, en faisant croire que c'était une épée.

"Qu'est-ce que je vois au loin là-bas ?" demandait Harry. Elodie et Lily se retournaient pour voir où regardait Harry.

"It looks like a pirate ship," replied Elodie, "gather your weapons everyone and prepare to defend our boat against the dreaded pirates!"

Elodie drew her sword, while Harry grasped his tightly. Lily raised her bow and arrow.

Harry could see the pirate ship through their telescope, it had cannons and a raised pirate flag. What could they do? The pirates were going to try to climb aboard their ship to steal their gold.

"On dirait un bateau de pirates," répondait Elodie, "prenez vos armes tout le monde et préparez-vous à défendre notre bateau contre les méchants pirates !"

Elodie sortait son épée, pendant que Harry s'agrippait à la sienne. Lily, elle, levait son arc et une flèche.

Harry pouvait voir le bateau des pirates à travers leur téléscope. Il y avait des canons et un drapeau de pirates. Que pourraient-ils faire? Les pirates allaient essayer de monter dans leur bateau pour voler leur or.

"Hide our treasure chests!" Elodie instructed Lily.

Lily rushed down the stairs to the belly of the boat and, pushing on the wall in a special place, she sprung open a secret door. Dragging the treasure chests from the living room, she hurriedly pushed them into the hidey hole and ran back on deck.

"Cache nos coffres au trésor !" ordonnait Elodie à Lily.

Lily se précipitait pour descendre l'escalier au cœur du bateau et, en appuyant à un endroit précis sur le mur, elle ouvrait une porte secrète.

Tirant les coffres au trésor du salon, elle les poussait vite dans la cachette avant de retourner sur le pont en courant.

What Lily saw when she returned on deck made her gasp in fear; the pirate ship was getting closer and closer, they could begin to make out the pirates onboard. There were three of them and they looked big and scary.

"They're going to want to steal our treasure and gold," said Elodie, "now that it's hidden they'll try and find out where we've put it, so it's up to us to stay strong and give nothing away."

Ce que Lily voyait quand elle retournait sur le pont la faisait haleter de peur: le bateau pirate s'approchait de plus en plus, ils pouvaient commencer à distinguer les pirates à bord. Il y en avait trois, ils étaient grands et n'avaient pas l'air gentil.

"Ils vont vouloir voler notre trésor et notre or," disait Elodie, "maintenant qu'il est caché, ils vont essayer de trouver où nous l'avons mis, donc c'est à nous de rester fort et de ne rien dévoiler."

"Do you think they'll take us prisoner?" Harry asked, "I'm not sure I fancy that, and they certainly don't look like they just want to chat."

"Well we'll soon find out," said Lily, "as they're almost upon us."

"Ahoy there!" called out one of the pirates. He looked the most menacing of the three; he was enormous, with a big bushy beard, and was brandishing a sword.

"Tu penses qu'ils vont nous faire prisonnier ?" demandait Harry, "je ne suis pas sûr que j'aimerais ça, et ils n'ont pas l'air de vouloir simplement bavarder."

"Et bien, nous allons bientôt le savoir," disait Lily, "car ils sont presque là."

"Ohé vous autres !" criait un des pirates. Il avait l'air le plus menaçant des trois. Il était énorme, avec une grosse barbe touffue, et il brandissait une épée.

"What do you want from us?" Elodie shouted back.

"We're not going to hurt you," the pirate replied, "we just want to come and say hello, and visit your lovely little boat."

"I don't trust them as far as I can throw them," whispered Lily to Elodie and Harry.

"So what do we do?" Harry whispered back.

"We've got two options," said Elodie quietly, "outsmart them or fight them, and I suggest we start with trying to outsmart them."

"Qu'est-ce que vous nous voulez ?" ripostait Elodie.

"Nous n'allons pas vous faire de mal," répondait le pirate, "nous voulons simplement venir dire bonjour, et visiter votre charmant petit bateau."

"Je ne leur fais pas confiance du tout," chuchotait Lily à Elodie et Harry.

"Alors qu'est-ce qu'on fait ?" répondait Harry en chuchotant.

"Nous avons deux options," disait Elodie à voix basse, "nous montrer plus rusés qu'eux ou nous battre contre eux, et je suggère que nous commencions en étant plus rusés."

"Well I'm sorry we can't welcome you onboard today," said Elodie, "but unfortunately we're ever so busy, so thanks anyway. Have a nice day!"

"Nobody defies the great and mighty Jake, pirate of all pirates!" roared the bearded pirate. "Seize them!" he ordered his men.

All three pirates rushed onto the children's boat while Lily rapidly fired arrows at them, which merely slowed them down.

"Et bien je suis désolée que nous ne puissions pas vous accueillir à bord aujourd'hui," disait Elodie, "mais malheureusement nous sommes très occupés, merci quand même. Passez une bonne journée !"

"Personne ne défie le grand et puissant Jake, pirate de tous les pirates !" hurlait le pirate barbu.

"Saisissez-les !" ordonnait-il à ses hommes.

Les trois pirates se précipitaient sur le bateau des enfants pendant que Lily leur tirait rapidement des flèches dessus, ce qui les ralentissait à peine.

"Prepare to fight!" Elodie cried to Harry, as she rushed at the bearded pirate with her sword held aloft.

Elodie and the bearded pirate's swords threw off sparks as they met on the deck of the boat. Alongside them Harry was fighting another pirate, this one was wearing an eye patch, but he was strong and it was clear that Harry was struggling. Next to Harry and eye-patch pirate, Lily had been captured by the third pirate, who was holding her tightly in a vice-like grip.

"Prépare-toi à te battre !" criait Elodie à Harry, lorsqu'elle s'élançait vers le pirate barbu avec son épée tenue en l'air.

Les épées d'Elodie et du pirate barbu jetaient des étincelles en se heurtant sur le pont du bateau. A côté d'eux, Harry se battait contre un autre pirate qui portait un cache-œil, mais il était fort et clairement Harry avait du mal. A côté de Harry et du pirate borgne, Lily avait été capturée par le troisième pirate, qui la serrait fort comme dans un étau.

Elodie and Harry fought bravely on, whilst Lily struggled against the third pirate, as much as she dared.

Suddenly Harry's sword was lifted out of his hands by the eye-patch pirate, and thrown across the deck of the ship. Without any other weapons Harry was forced to surrender, which just left Elodie fighting the bearded pirate.

Elodie et Harry continuaient à se battre courageusement pendant que Lily luttait contre le troisième pirate, autant qu'elle l'osait.

Soudain, l'épée de Harry était enlevée de ses mains par le pirate borgne, et jetée de l'autre côté du pont du bateau. Sans autre arme, Harry était forcé de se rendre, ne laissant plus qu'Elodie en train de se battre contre le pirate barbu.

The two of them continued to circle round each other, swords clashing more and more fiercely. Elodie knew how important it was that she beat this bearded pirate as Harry and Lily had now both been captured, and she couldn't let these pirates take their treasure!

Elodie continued to duel, but she was no match for the bigger, stronger pirate and he fought her into a corner, before knocking the sword out of her hands.

Les deux continuaient à se tourner autour, les épées s'entrechoquant de plus en plus violemment. Elodie savait jusqu'à quel point il était important qu'elle batte ce pirate barbu, car Harry et Lily étaient maintenant tous les deux capturés, et elle ne pouvait pas laisser ces pirates prendre leur trésor !

Elodie continuait à se battre, mais elle ne pouvait pas tenir tête au pirate plus grand et plus fort qu'elle. Il l'a faisait reculer jusqu'à ce qu'elle soit dans un coin, avant de forcer l'épée hors de ses mains.

The pirates tied Elodie, Harry and Lily up with some rope, and made them sit in the corner of the deck while they questioned them about what was onboard.

"But we don't have anything of any value on the ship!" exclaimed Elodie, "it's just the three of us, out for a day's sailing, with nothing but some food with us," she continued.

Les pirates attachaient Elodie, Harry et Lily avec une corde, et les forçaient à s'asseoir dans un coin du pont pendant qu'ils les questionnaient sur ce qui se trouvait à bord.

"Mais nous n'avons rien de valeur sur le bateau !" s'exclamait Elodie, "c'est simplement nous trois, sortis pour une journée de voile, sans rien à part un peu de nourriture," continuait-elle.

"That's a lie!" yelled the bearded pirate, "this is a fancy boat, and everyone knows that fancy boats have treasure on them."

"And gold!" piped up the eye-patch pirate.

"And jewels!" added the third pirate.

"Yes, yes, alright, alright," the bearded pirate shushed them. "So where's your treasure? And your gold? And your jewels then?" he continued, turning to Elodie.

"C'est un mensonge !" hurlait le pirate barbu, "ceci est un bateau de luxe, et tout le monde sait que les bateaux de luxe ont un trésor à bord."

"Et de l'or !" intervenait le pirate borgne.

"Et des bijoux !" rajoutait le troisième pirate.

"Oui, oui, d'accord, d'accord," disait le pirate barbu, pour les faire se taire. "Donc, où est votre trésor ? Et votre or ? Et vos bijoux alors ?" continuait-il, en se retournant vers Elodie.

"I've already told you," she replied, "we haven't got any. You can look around the boat if you don't believe me."

The third pirate guarded the children, while the bearded pirate and the eye-patch pirate went below decks to search the rest of the boat. The children looked at each other nervously.

Finally the bearded pirate stormed back up on deck and raged at the children, "there's nothing down there, not even a single coin! What have you done with it all? TELL ME!"

"Je vous l'ai déjà dit," répondait-elle, "nous n'en avons pas. Vous pouvez chercher partout dans le bateau si vous ne me croyez pas."

Le troisième pirate gardait les enfants, pendant que le pirate barbu et le pirate borgne descendaient sous le pont pour fouiller le reste du bateau. Les enfants se regardaient nerveusement. Enfin, le pirate barbu revenait sur le pont en colère et s'enrageait auprès des enfants, "il n'y a rien en bas, même pas une seule pièce d'or ! Qu'est-ce que vous en avez fait? DITES-LE MOI !"

"I told you," replied Elodie, defiantly, "we haven't got anything with us, no gold, no treasure, nothing."

"You're lying" the bearded pirate snarled through gritted teeth, "and there's one way to get people to tell the truth....by getting them to walk the plank. Get them over to our ship and on to the plank!" he ordered the other two pirates.

"Je vous l'ai dit," répondait Elodie, d'un ton de défi, "nous n'avons rien avec nous, pas d'or, pas de trésor, rien."

"Tu mens" grognait le pirate barbu à travers les dents serrées, "et il y a un moyen de faire dire la vérité aux gens....en leur faisant subir le supplice de la planche ! Amenez-les sur la planche !" ordonnait-il aux deux autres pirates.

Elodie, Harry and Lily looked at each other aghast, what could they do now? Even if they told the pirates about the hidden treasure chests, would it still save them from walking the plank?

The tied-up children edged along the plank, being prodded by the pirates' swords all the way. They were right at the edge, their feet dangling in mid-air, there was nowhere to go...

Elodie, Harry et Lily se regardaient horrifiés. Que pourraient-ils faire maintenant? Même s'ils disaient aux pirates où se trouvaient les coffres u trésor cachés, est-ce que cela les sauverait de la planche ?

Les enfants ligottés s'avançaient lentement le long de la planche, oussés par les épées des pirates tout le long du chemin. Ils étaient au ord de la planche, leurs pieds suspendus dans le vide, il n'y avait nulle art où aller…

Beep-beep-beep-beep, beep-beep-beep-beep.

What was that noise? Was it a crocodile in the sea like in Peter Pan? The children looked at each other, and then looked all around them. They were no longer tied up, the boat was gone, the plank had disappeared and in its place was their tree. It had all been in their imagination. They were back at the park, and the beeping noise was the alarm on Elodie's watch, telling them it was time to go home.

Bip-bip-bip-bip, bip-bip-bip-bip.

Qu'est-ce que c'était que ce bruit ? Un crocodile dans la mer comme dans Peter Pan ? Les enfants se regardaient, et puis regardaient tout autour d'eux. Le bateau était parti, la planche avait disparu, à leur place se trouvait leur arbre. Tout s'était passé dans leur imagination. Ils étaien de nouveau au parc, et la sonnerie était l'alarme de la montre d'Elodie, leur annonçant que c'était l'heure de rentrer à la maison.

The adventures of Elodie can be read in one language or two, and there is an audio recording to accompany the book, offering the story in either English, French, or in both languages.

If you know French you will know that French stories are generally written in the Past Historic tense, however this isn't a spoken tense so it is incredibly hard for children learning French as a foreign language to understand it. Therefore (much to the shock of my French friends) I decided not to use the Past Historic in The adventures of Elodie. It does make the story clunkier in French, but it also makes it easier for non–French children to read, to understand and to apply the French learnt here.

If you don't speak French I suggest you read the English sections with your child/children and listen to the French sections via the audio book that accompanies this story.

Activities you can do with your child/children around this story, depending on their level of French and their age:

1. Get your child/children to listen to the French audio book and to follow the words on the page simultaneously.

2. Point out words and phrases in the English version and ask them to try and find the equivalent in the French version. (I have translated the English version as closely as possible into French to help with this activity.)

3. Get your child/children to write down any key words in their vocabulary book i.e.

   - A tree – un arbre
   - A boat – un bateau

4. Bilingual children or children with a good level of French could read the French story aloud.

5. Ask your child/children to come up with their own adventure for Elodie, Harry and Lily. Depending on their age and level this can be in English or in French. It should always start with them in their tree at the park and end with the beeping of Elodie's watch. Where in time or space will their adventure take Elodie, Harry and Lily?

Les aventures d'Elodie peuvent être lues dans une seule langue, ou dans les deux, et il y a une version audio qui accompagne le livre, vous proposant l'histoire soit en anglais, soit en français, soit dans les deux langues.

J'ai écrit ces histoires en anglais et puis je les ai traduites en français. Je sais que les histoires en français sont généralement écrites au Passé Simple, cependant comme ceci n'est pas un temps oral, c'est très difficile pour les enfants qui ne sont pas français de le comprendre. Donc (au grand choc de mes amis français) j'ai décidé de ne pas utiliser le Passé Simple dans Les aventures d'Elodie. Je sais que cela rend les histoires moins fluides et moins belles à lire en français, mais, aux enfants, ça les rend plus facile à lire, à comprendre et à appliquer le français appris ici. Donc aux puristes, je vous offre mes excuses !

Si vous ne parlez pas anglais je vous recommande de lire les parties en français avec votre/vos enfant(s) et d'écouter la partie anglaise via le livre audio qui accompagne l'histoire.

Des activités que vous pouvez faire avec votre/vos enfant(s) autour de cette histoire, selon leur niveau d'anglais ou leur âge:

1. Faites écouter le livre audio en anglais et suivez les mots sur la page simultanément.

2. Montrez du doigt les mots et les phrases dans la partie française et demandez-leur de trouver l'équivalent dans la partie anglaise. (J'ai traduit de l'anglais vers le français aussi proche que j'ai pu pour faciliter cette activité.)

3. Faites écrire les mots clés dans les cahiers de vocabulaire par exemple:
   - un arbre – a tree
   - un bateau – a boat

4. Les enfants bilingues ou ayant un bon niveau d'anglais pourraient lire l'histoire en anglais à voix haute.

5. Demandez à votre/vos enfant(s) d'imaginer et d'écrire leur propre aventure pour Elodie, Harry et Lily. En fonction de leur âge et leur niveau ceci pourrait être en anglais ou en français. Elle devrait toujours commencer avec les enfants dans leur arbre au parc et terminer avec le bip de la montre d'Elodie. Dans quel lieu et à quelle époque est-ce que l'aventure amènera Elodie, Harry et Lily?

OTHER STORIES IN THE SERIES

Elodie and the Pirates is the first story in the Elodie series, but watch out for the following adventures that are coming soon…

» Elodie and the Dinosaurs
» Elodie in World War II
» Elodie in Ancient Egypt

D'AUTRES HISTOIRES DANS LA MÊME SÉRIE

Elodie et les Pirates est la première histoire dans la série Elodie, mais guettez les aventures suivantes qui vont bientôt sortir…

» Elodie et les Dinosaures
» Elodie dans La Deuxième Guerre Mondiale
» Elodie dans l'Egypte Ancienne

ABOUT THE AUTHOR

Sophie Le Brozec lived on the French Riviera for 12 years after getting a degree in French and Spanish from Liverpool John Moores University. In France she met and married her French husband, with whom she has 2 French/English daughters. Sophie, her husband and their two daughters currently live bilingually and biculturally in London.

Sophie has always been passionate about learning and teaching languages. She has taught English as a foreign language and French to all ages, from babies as young as 3 months old to 70 year olds, and strongly believes that learning languages from a young age is a very important skill that we should all be offering our children.

Sophie blogs about French and English parenting and other general lifestyle ramblings at www.FranglaiseMummy.com

To find out more about The adventures of Elodie:

- » Website: www.ElodiePublications.com
- » Twitter: @ElodiePublish
- » Facebook: https://www.facebook.com/ElodiePublications

AU SUJET DE L'AUTEUR

Sophie Le Brozec a habité sur la Côte d'Azur pendant 12 ans après avoir obtenu sa licence de Français / Espagnol de l'Université Liverpool John Moores. En France elle a rencontré et épousé son mari français avec lequel elle a deux filles françaises/anglaises. Sophie, son mari et leurs deux filles habitent actuellement d'une manière bilingue et biculturelle à Londres.

Sophie a toujours été passionnée par l'apprentissage et l'enseignement des langues. Elle a enseigné l'anglais et le français, en tant que langues étrangères, à des personnes de tout âge: des bébés de 3 mois à des septégenaires. Sophie croit fortement qu'apprendre des langues dès le plus jeune âge est une compétence importante, qu'on devrait tous offrir à nos enfants.

Sophie tient un blog sur être parent français/anglais et ses divagations au suje de la vie en général à www.FranglaiseMummy.com

Pour en savoir plus sur Les Aventures d'Elodie:

- » Site web: www.ElodiePublications.com
- » Twitter: @ElodiePublish
- » Facebook: https://www.facebook.com/ElodiePublications

Printed in Great Britain
by Amazon